한여름에도 철 지난 패딩을 꺼내 입고

한여름에도 철 지난 패딩을 꺼내 입고

발행　　2025년 11월 17일
저자　　김나윤
펴낸이　　한건희
펴낸곳　　주식회사 부크크
출판사등록　　2014.07.15.(제2014-16호)
주소　　서울특별시 금천구 가산디지털1로 119 SK트윈타워 A동 305호
전화　　1670-8316
이메일　　info@bookk.co.kr

ISBN　　979-11-12-08479-8

www.bookk.co.kr
ⓒ 김나윤, 2025
본 책은 저작자의 지적 재산으로서 무단 전재와 복제를 금합니다.

한여름에도 철 지난
패딩을 꺼내 입고

차례

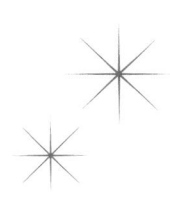

8   My summer, My youth
11 겨울의 능소화
13 너는 여전히 제주바다를 가장 사랑하니
14 청춘의 회고록
16 추억을 유영하는 시간 속에 갇혀 사는 일
18 갈색 눈동자
20 여름 안부
22 눈 내리는 소리
24 영원히 죽지 않을 이 마음
26 나 나름 네 삶에 스며들었다 생각했는데 아니었나
28 우리 이럴 거면 차라리 마주보고 앉자
30 청춘의 열병

31	불면 속에서 쓰는 편지
33	솔직해지면 진짜 사랑일까 봐
34	코트 주머니에서 발견 된 낡은 흔적
36	종종 삶을 다시 다짐하는 이유는 사랑이었다
38	너는 찰나 다정했을 뿐인데
40	내가 여름의 끝자락에 사는 사람이었다면
41	한여름에도 철 지난 패딩을 꺼내 입고
43	사랑의 다른 발음은 어쩌면 모순이었나
44	하필이면 네 향수가 그리운 어느 여름밤을 닮아서
46	여름 속에서 피어나 얕은 사랑에 익사하는 소년
48	창 밖에는 여전히 여름을 닮은 것들이 존재한다
49	영원하지 않은 건 어쩌면 우리의 마음이었나
50	다시, 여름이다
52	이제 같이 겨울바다를 보러 가잔 말은 안 할 거야
54	나의 여름을 이루는 것들
56	필연이 아니라면 그렇게 만들 거라는 다짐을 했다
57	스물 다섯, 그 해에
59	다시는 돌아오지 않을 나의 청춘, 나의 여름
60	수취인 J에게
62	그 해 여름의 순수한 고백
64	나 또한 네 청춘이기를
65	여름잠

67	여름을 닮은 도시에서
69	스물 세 번의 편지를 더 쓰고 나면
71	도망가자
73	여름이 손가락을 몇 번 스쳐야 너를 잊을까
74	여름의 그림자는 푸른 색이 아니라는 것을
76	마치 밑에서부터 치약을 꾹 눌러 짠 것 마냥
78	누구에게나 여름은 존재한다
79	겨울장마
81	너를 번역하면 어느 여름밤의 청춘
83	몽상의 여름
85	내가 여름에만 살고 싶다는 건
86	필히, 너는 여름이 아닐 수가 없다
88	사랑여름사랑여름사랑여름
90	너도 스물 여름의 그 순간을 사랑했을까
92	상한 대화
94	여름 비디오
96	너 없는 여름
97	그 해 여름의 환생
99	나의 단 하나뿐인 결핍
101	8월의 난로
103	여름 한 철 지나가면 괜찮을 줄 알았는데
105	너의 의미

107　스물은 당최 자라날 생각을 않고
109　내가 사랑한 것들
111　너는 유일한 나의 구원
113　시월 달력을 넘기기 전에
115　네가 떠나는 상상만 해도 울던 그 해 여름의 나를
117　눅눅해진 사랑
119　여름의 유서, 수취인 나를 사랑했던 사람들에게
121　나의 파랑에게,

124　책을 마치며,

My summer, My youth

늦은 밤의 어귀에 가만히 앉아있으면 종종 그 아이가 불어오곤 했다.

그 아이는 다정한 여름을 닮았다. 여름 같은 그 아이를 나는 가을에 만났다. 우연히 처음 만난 날, 같이 집으로 향하는 길에 문득 나를 쳐다보는 그 아이의 눈빛이, 가로등 불빛 아래 비추어진 그 아이의 밝은 갈색 눈동자가 무척이나 예뻐 보였다.

-네 눈은 엄청 갈색빛이 도네, 예쁘다.

순식간에 붉어진 그 아이의 볼을 보고는 나도 황급히 화끈거리는 내 귀를 붙잡았다.

그 아이에게서 처음 사랑한다는 말을 들은 날, 설레는 마음 하나 주체를 못 해 집으로 마구 뛰어가던 그 날의 내가, 침대에 누워선 볼을 연신 꼬집어보던 내가, 그 아이 생각에 잠 못 이루던 어느 가을밤의 내 마음이 여전하다.

    때로는 많은 밤을 지새워도 잊혀지지 않는 것이 있다.
    여름이 손가락 열 개를 지나쳐도 여전한 것이 있다.

    그 날의 기억은 모든 것이 그대로다. 모든 것이 제자리에 있는데 그 아이만 홀로 시간을 맞이한 것만 같다. 모든 것이 정지된 세상에서 그 아이만 홀로 앞으로 나아갔다. 추억과 나를 덩그러니 남겨두고서 그 아이만 혼자 현재를 살아가고 있다.

    떠난 것은 알 수 없다. 남겨진 것들의 마음을. 남겨진 것들의 온기는 필히 남겨진 것들끼리만 느낄 수 있다. 떠난 이는 결코 알 수 없단 말이다.
    시간은 야속하게도 비디오테이프처럼 뒤로 감기가 안 돼서, 그 아이는 아마 평생을 모른 채 살아가게 될 거다. 그 아이 없이 홀로 남겨진 나의 마음을. 그리고 우리가 스물이던 그 해 여름에 우리가 얼마나 찬란했는지. 그 아이는 이제 모른다. 그 아이는 시간을 너무 많이 앞서갔다.

    이상하게도, 시간이 아주 많이 지난 지금도 늦은 밤의 어귀에 가만히 앉아 노래를 듣고 있노라면 종종 그 아이가 불어올 때가 있다. 가끔은, 겨울에도 그리웠던 그 여름의 향이 시린 내 코끝을 스치고 지나갈 때가 있다. 그러면 나는 그 자리에 한참 앉아 어린아이처럼 엉엉 운다. 그것 말고는 할 수 있는 게 없다.

겨울의 능소화

홀로 바다를 거닐다가 일렁이는 바닷바람이 마치 나 같아 청승맞게 주저앉아 한참을 엉엉 울었다.

J. 너는 요즘 어때.

공허한 눈동자로 철썩이는 파도에 몸을 실은 채 방황하지는 않는지. 스치우는 가을바람에 눈물을 이고 이리저리 흔들리지는 않는지. 작열하는 태양 밑에 서서 심장이 타들어가도록 방치하지는 않는지. 희게 내리는 눈 속에 파묻혀 그대로 눈을 감은 채 숨을 가쁘게 내쉬지는 않는지. 나는 매 계절마다 수 백 번이고 수 만 번이고 늘 연약했던 너를 걱정하곤 한다.

여름날, 능소화를 발견하는 순간이면 어김없이 너도 그 자리에 피어난다. 그러면 나는 또 그 곳에 발이 묶여 한참이나 능소화를 바라본다.

한여름 밤 속 능소화 같은 사람.

　너를 바라보며 안녕을 건네고, 한여름 밤의 여운이 채 가시기도 전에 뒤돌아서는 우리가 나는 서글펐다. 안녕이라는 단어는 아무리 건네고 아무리 들어도 익숙해지질 않는다. 하지만, 안녕이라는 단어에 익숙해진다면 그것도 꽤나 마음이 아플 것만 같다. 익숙해진다는 건 그 동안 무수히 거듭되었다는 말이기도 하니까 말이다.

　나 언젠가는 꼭 겨울에도 능소화를 보고 싶다.

너는 여전히 제주바다를 가장 사랑하니

J. 너는 여전히 제주바다를 가장 사랑하는지. 여전히 새벽 공기 맡으며 산책하는 일을 좋아하니. 우리가 함께 했던 그 무수한 추억들이 네게도 가끔은 위로가 되곤 하니.

그러니까...
너는 요즘 잘 지내는지. 이 짧은 안부 물어볼 용기가 부족해서 괜히 길게 말만 늘어놓네.

나는 괜찮지 못 해. 돌아오는 여름마다, 여름 장마가 나를 덮칠 때마다, 능소화를 볼 때마다 미련하게 아직도 네 생각이 나.

J. 또 여름이야.
이번 여름 동안 나는 네게 몇 번의 안부를 전하게 될까.

청춘의 회고록

시월이 돌아올 때마다 어김없이 미친 사람처럼 넋을 놓고 산다.

J, 너는 알지. 시월만 되면 늘 죽고 싶어 하는 나를.

너는 시월의 어귀 앞에서 늘 불안해하곤 했고, 시월이 되면 유독 전화를 자주 걸었지, 그래. 내가 돌연 사라질까 봐 불안했던 너의 마음을 알아.

지금은 어때.

지나간 나로 인해 너는 여전히 여름을 미워하니.

나는 네가 여전히 나로 인해 여름을 미워할까 봐 두려워. 하지만 네가 다른 사람으로 인해 여름을 사랑하게 된다면 나는 그게 더 아플 것만 같아.

J. 나는 네가 떠난 후부터 여름에 관한 이야기를 쓰기 시작했

어. 그러니까, 내가 쓰는 글들은 전부 우리가 만난 그 해 여름의 기록이자 나의 청춘의 회고록이라는 말이야.

내가 여태까지 그 수많은 시월 속에서 살아남을 수 있었던 이유는 단지 너 덕분이었다고 나는 말했어야 했어. 너와 보낸 시월은 단지 한 번뿐이었는데도 불구하고, 나는 너와 함께 한 기억으로 그 이후의 시월들도 살아갈 수 있게 되었다고 말했어야 했는데.

이제 와서는 내가 너무 늦었구나.

J, 나는 그냥... 네가 여전히 여름을 미워하는 사람이었으면 좋겠다.

추억을 유영하는 시간 속에 갇혀 사는 일

　유행 다 지난 노래나 1990년대 음악을 들으며 시덥잖은 대화를 나누는 일. 발 아픈 줄도 모른 채 몇 시간 동안 발 맞춰 걸으며 시시콜콜한 이야기를 나누고, 별 것도 아닌 이야기에 서로 숨넘어갈 듯이 웃는 일. 네잎클로버를 찾아주겠다며 풀숲을 뒤적거려보는 일. 괜히 서로 볼 한 번 콕 찔러보곤 배시시 웃는 일. 비 오는 날 우산 하나 나누어 쓰고 서로의 어깨 끝이 젖어도 마냥 행복한 일. 아무 일도 아닌 날 손 편지를 써 건네주는 일. 같이 술 마시면 꼭 소주 뚜껑으로 하트를 만들어서 내 마음이야, 라고 장난스레 말하는 일. 손을 맞잡고는 그것을 위로라 여기고, 이마를 맞대는 것은 사랑이라 여기던 일. 네 눈동자를 통해 여름의 황혼을 보던 일.

　너는 늘 내가 네 겨울이라 했지. 차가운 겨울을 닮았지만, 나만큼 따뜻한 겨울은 또 없을 거라고 말이야.

　그래서 나는 내가 그리워지면 언제든지 철 지난 패딩을 꺼내 입으라고, 잠에 들 때는 솜이불을 꺼내어 덮으라고 했지.

너는 과연 내가 없는 동안 몇 번의 무의미한 더위를 느꼈을까.

갈색 눈동자

여느 밤에 자다 깨어 잠결에 매만진 네 얼굴의 생김새를 여전히 기억해. 네 눈썹 뼈를 타고 눈두덩이, 뺨, 입술. 어둠 속 손 끝 미세한 촉감만으로 네 얼굴을 끊임없이 어루만지던 그 날을 기억해.

J. 나 가끔 네 진한 양쪽 보조개에 파묻혀 죽고만 싶었다는 걸 너는 알까. 길쭉한 네 입꼬리를 마모될 때까지 만져보고 싶기도 했고, 네 밝은 갈색 눈동자에 비치는 나의 표정을 평생 보고만 싶기도 했고, 나를 안아주는 네 온기 속에서 그냥 이대로 녹아버리고 싶다는 생각도 했어.

J. 사람은 행복할 때 죽어야 한대. 네 품에 안긴 순간 나는 느꼈어. 자유롭게 죽을 수 있다면, 죽을 때를 스스로 정할 수만 있다면 나는 지금 당장 죽고 싶었어. 너무 행복해서, 이 행복이 사라져 버리면 얼마나 괴로울지 알아서, 행복이 사라지고 난 뒤에 찾아올 허전함과 공허함이 두려워서. 그래서 그냥 네 품에 안긴 채 그렇게 죽고 싶었어.

근데 너도 나랑 안고 있는 게 행복하다고 했었잖아.

혹시 너도 그 때 죽고 싶었을까.

여름 안부

　너는 나에게 편지를 쓸 때마다 내가 겨울 같은 사람이라는 문장을 자주 적곤 했었고, 그러면 나는 네가 늘 여름같이 싱그럽고 다정한 계절 속에 살았으면 좋겠다는 문장을 써서 회신했었지.

　너 이후에 다른 이를 만났었는데, 그가 간간히 그러더라. 내가 여름 같대. 참 다정하대. 나는 그럴 때마다 네 생각을 해.

　나는 이제야 여름인가 봐.

　J, 종종 네 생각을 해. 너는 여전히 여름을 닮았을까.
　이제야 너를 닮게 된, 이제야 여름이 된 나를 본다면 너는 어떤 생각을 할까.

　네가 보낸 편지 중,

"내가 가장 좋아하는 계절은 겨울이야. 나에게는 겨울이 가장 다정하고 따뜻해." 라는 문장을 나는 종종 떠올려.

너는 정말 겨울 같은 나를 사랑했을까. 아니면 그 겨울마저 사랑하기 위해 늘 시린 손으로 애써 나를 감싸안았던 걸까.

눈 내리는 소리

스위스에서는 눈이 많이 와서
마치 빗소리처럼
눈 내릴 때도 소리가 난단다

나는 그 사실을 얼마전에 알았다

그게 너의 사랑이었구나
미처 몰랐다 그 물음이 사랑일 거라고는

언젠가 나랑 같이 눈 내리는 소리를 들어볼래
그 말은 곧 고백이었다는 것을 나는 너무 늦게 알았다

언젠가 여름이 지나 다시 겨울이 되는 날

나는 아주 오랜 시간 그 자리에 서있을 것이다

미련하게도

기필코 눈 내리는 소리를 듣기 위해

영원히 죽지 않을 이 마음

너는 네가 내 삶에 얼마나 많은 비중을 차지하고 있는지 모르겠지.

나는 여름마다 장마를 기다린다.

우산 없이 서있는 나를 보면 네가 우산을 들고 달려올까 봐.

이제는 예전만큼 너를 떠올리지는 않지만

이제는 예전만큼 여름 장마를 기다리지는 않지만

초라한 고백을 한다,

내가 여름마다 너를 기다린 것은 사실이다. 오로지 너를 닮은 것들로만 내 팔을 채운 것도 사실이다. 내 어깨에 새긴 능소화마저 너를 닮았다는 까닭인 것도 말이다.

전부 다 부정할 수 없이 명백한 사실이다.

네가 딱 한 번 건넨 사랑해 라는 그 단어를

여지껏 담고 있는 내가 얼마나 안타깝던지.

너와 보낸 너무나도 무더웠던 그 여름이 무색하리만큼,

그리 뜨거웠던 여름이 정말 존재했었다고

의구심을 품을 만큼 이 곳에서 보내는 두 번째 여름은

꽤나 버틸만 하다.

영원히 죽지 않을 이 마음

그 때 그게 사랑이었어.

미처 몰랐어, 그래.

그 때 그게 내 생애 다신 없을 사랑이었어.

내 생애 내가 가장 아름다웠던 순간

시간이 지나도 네 눈동자를 통해 보는 내가 가장

순수했었다는 사실은 결코 변하지 않겠지.

나 나름 네 삶에 스며들었다 생각했는데 아니었나

나는 너를 사랑하는 게 전부인 사람인데 너는 나를 사랑하는 일이 가장 어려운 일이었나. 네 마음을 어렴풋이 짐작하던 순간 나는 순식간에 나락으로 곤두박질쳤어.

시간 참 빨라. 어느덧, 행복은 영원할 수 없다는 걸 깨달아야만 하는 나이가 되어버렸어. 사랑은 일시적이라는 것도 이젠 모르면 멍청하다는 소릴 들어. 언젠가는 사랑 앞에서 무너지고 울고 매달리는 일마저도 청춘이라 불렀던 것 같은데, 이젠 그러면 미련하고 찌질하다는 소릴 들어. 사랑 앞에서 열정적이던 나는 이제 죽어버렸어.

내 사랑은 네 무게를 가뿐히 버텨낼 수 있었는데, 네 사랑에 올라타려 하자마자 난 엉덩방아를 찧었어. 마음이 더 크게 멍든 건 기분 탓일까. 내가 솔직해서 좋다던 너는 결국 내 사랑의 크기에 놀라 도망을 쳤어.

이제 밤에는 선선한 가을공기가 맴돌아. 너를 사랑했던 계절이 돌아오고 있어. 그 날의 온도도 18도였나. 평생을 18도에서 산다면 난 불행할까, 행복할까.

　J. 근데 너는 왜 하필이면 여름을 닮은 거야. 하필이면, 난 사계절 중 여름이 가장 긴 계절이라 느끼는 사람인데. 내 사랑은 돌아오는 여름마다 너를 앓아. 근데 이상하게 말이야. 여름마다 수없이 너를 앓는데도, 당최 면역력은 키워지질 않아. 늘 처음 겪는 것 마냥 고통의 크기가 너무 커.

　J. 나는 여름마다 개화하는 능소화를 볼 때마다 죽을 것만 같아. 너무 너를 닮아서.

우리 이럴 거면 차라리 마주보고 앉자

　너를 사랑하는 일은 끝이 정해져 있는 길고 긴 꿈속을 거니는 기분이다. 종종 내 기분은 추락했고, 가끔은 너와 춤을 추기도 했다. 때론 술에 취해 뒤엉켜 너와 사랑을 나누기도 했지. 그 무수한 꿈 중, 다 지난 유행가나 올드팝을 들으며 손잡고 이리저리 뛰어다니던 꿈이 단연 가장 달콤했었고.

　시시콜콜한 농담을 주고받으며 숨넘어갈 듯 웃던 우리의 모습을 나는 사진 찍어 보관하고 싶었다. 눈동자를 깜빡일 때마다 사진이 찍힌다면 나는 네 앞에서 몇 번을 깜빡일까 그런 생각도 했었지.

　추억 속 너와 직면한 채 아무 생각 없이 춤이나 추고 싶은 날이다.
　우리가 좋아했던 그 노래를 들으면서 발맞추어 걷고 싶은 밤이다.

오늘같이 괴로운 날은 차라리 기억 속의 너와 함께 마주앉아 볼까.

그냥 아무것도 모르는 척... 아무 일도 없었던 척 말이야.

청춘의 열병

내가 진짜 슬펐던 건 네가 여전하지 않다는 사실보다, 나는 아직도 여전하다는 사실이었어.

내 삶의 마지막 사람이 너였으면 좋겠다고 내가 그랬잖아. 내 스물 다섯 이후를 상상하게 만드는 사람은 너 뿐이었으면 좋겠다고 네가 그랬잖아. 그 말 하나에 난 여전히 휘청거리며 살아.

그 때 그 시절에게 안녕을 건네라니, 그건 무수한 시간이 지나도 너무 어려운 일인 걸. 정말 사랑하면 행복을 빌어준다니. 그런 잔인한 말이 어디 있어. 그럼 난 널 사랑하지 않은 게 되나.

J. 네 사랑이 끊기니 나는 열병을 앓아.

불면 속에서 쓰는 편지

어쩌면 잠을 자는 방법을 잊은 것만 같다.

너도 알고 있었지, 네가 나의 안식이자 유일한 나의 쉴 곳이었다는 걸 말이야. 너 떠나면, 어쩌면 나 평생 잠을 못 잘 것 같다는 말을 했어야 했는데.

황무지였던 나의 세계를 네가 일구어냈을 때, 그 때 마냥 기뻐하면 안 됐어. 그 땐 몰랐지, 네가 만들어낸 세계는 너 떠나는 순간 단숨에 무너진다는 걸. 다시 황폐한 황무지로 돌아가 버린다는 걸.

손에 든 게 없는 사람은 많은 걸 안을 수 있고, 손에 든 게 많은 사람은 더 이상 무언가를 안아줄 수가 없지. 너는 양손에 내가 아닌 나 외의 중요한 것들을 한가득 쥔 채로 내 포옹을 견뎌냈어. 그러니까, 줄곧 나만 너를 안고 있었다는 거야.

애초부터 우리는 내가 팔을 풀어버리면 그대로 끝날 관계였다는 거야. 너는 나를 안을 손이 없었으니까. 나를 안고 있지도 않았으니까. 나를 안아주기 위해 네 손의 무언가 하나 버리지 못 할 정도로 나를 사랑하진 않았다는 말도 되겠지.

너 떠나면, 나는 남은 것 하나 없는 내 세상에서 네가 남기고 가 버린 온기들의 부스러기를 쥐고 한없이 울어. 가끔 다른 이들의 온기는 품에 안을 수 있을 만큼 단단하곤 했는데, 네가 남기고 간 온기는 모래마냥 손 틈새로 줄줄 흘러.

J... 너는 잘 자. 잘 자길 바라. 그냥 잘 잤으면 좋겠어.
그리고 언젠가 네가 슬픔에 잠기는 날에는, 내가 준 온기를 꼭 껴안고 잠에 들었으면 좋겠어. 내가 네게 준 마음의 온도는 몇 년이 흘러도 늘 따스할 테니까 말이야.

솔직해지면 진짜 사랑일까 봐

일 년 하고도 반이 지나서야 더 이상 네 소식을 궁금해 하지 않게 됐다. 지난 시간 동안 다 잊었다며 떵떵거렸지만 사실 밤만 되면 어김없이 네 생각을 하곤 했다. 혹시나 네가 실수로라도 새벽에 전화 하진 않을까 싶어 핸드폰 컬러링을 시끄러운 노래로 해 놓았다. 밤마다 얄팍한 자존심이 내 마음을 긁어대곤 했다.

솔직하게 말할까. 나는 그간 네가 보고 싶었다.

코트 주머니에서 발견 된 낡은 흔적

　블라인드 내려놓은 창의 아주 작은 틈 사이의 노을빛이 잦아들고 어둠이 찾아오면, 노을에게 안녕을 건네는 것조차 잊은 채 버선발로 헐레벌떡 어둠을 마중 나간다.

　기억이 도통 끝나질 않는 밤이 있다. 생각이 끊이질 않는 새벽이 있다. 그 시간은 언제나 뜬 눈으로 밤 지새우게 만들지만, 이따금씩 달콤하다. 생각에 잠겨 현실을 잊는 것보다 더 황홀한 것은 없으니까. 난 그 시간을 애증한다.

　여름이 돌아오고 있다. 옷 정리를 했다. 여름옷을 꺼내고, 외투들을 다락방에 집어넣었다. 그러다 작년 겨울에 입었던 코트를 찾았고, 주머니에서는 너와 떠난 부산 여행에서 결제한 영수증을 발견했다. 고작 종이 쪼가리 하나에 잊고 지내던 작년 겨울 부산에서의 기억이 생생해졌다.

　슬픔이 차오르던 이유는 여름이 돌아오고 있어서였나.

기억이 끝나지 않는 밤의 문고리를 스스로 열고 들어간다.

생각이 끊이지 않는 새벽으로 추락한다.

나의 밤은 너로 가득 차, 그렇게 내일을 망각한다.

종종 삶을 다시 다짐하는 이유는 사랑이었다

우리의 낭만은 너무 달라서 결국 서로를 아프게 만들었어.

우리가 꿈꾸는 모든 것들을 포기할 만큼 너는 나를 사랑하지 않았으니, 그 이유 하나만으로도 우리 이별의 이유는 충분했던 거겠지.

덜컥 현실 앞에 놓여졌을 때, 네가 가진 모든 것들을 포기하고 나만 사랑하며 달콤한 꿈만 꾸는 일이 너는 너무 버거웠겠지. 늘 낭만을 꿈꾸면서도, 막상 낭만 앞에 놓이면 멈칫하는 너를 어렴풋이 알고 있었어.

내가 사랑 때문에 살고 싶었던 적은 없거든. 근데 가끔 나를 살린 건 사랑이기도 했어. 나는 가끔 너를 삶의 이유로 삼기도 했어.

J. 내가 사랑을 한다는 게 어떤 의미인지, 얼마나 큰 다짐인지

너는 알잖아. 다시는 누군가를 사랑하지 않겠다고 다짐했던 내 마음이 네 앞에서는 허무할 만큼 너무 쉽게 무너져버렸다는 것도 넌 알고 있잖아. 네가 모를리가 없잖아.

뭐랄까, 우리는 사랑을 한 게 아닌 것 같다는 생각을 가끔 해.

J. 네 사랑은 대체 어떤 형태였어? 나를 사랑한 건 맞아?

너는 찰나 다정했을 뿐인데

 사실 너와 나를 우리라고 부르는 순간부터 나는 수많은 것들을 감당해야 한다는 것을 알고 있었다. 나와 너를 우리라고 부르는 일은 늘 사랑의 시작이 아니라 외로워질 언젠가로부터 상처 받지 않도록 벌써부터 방패를 들고 경계해야 하는 일의 시작이었다. 사랑의 시작은 곧 외로움의 시작이었다. 이번에는 아닐 거라 안심하며 방패를 내려놓고 무방비하게 마음을 여는 순간이 나에게는 언제나 좌절의 시작이곤 했다. 그래서 나는 마음을 덜 주는 방법을 배워야만 했다.

 J. 너를 좋아하는 건 씁쓸하다가도 가끔은 달콤한 맛이 난다.

 너는 단지 조금 다정했을 뿐인데 나는 수많은 밤 동안 불면을 앓았다. 고작 네 말 한 마디에 내 온 우주가 흔들리곤 했다. 고작 네 눈빛 한 번에 내 세계가 일렁였다. 그래서 나는 완전하게 너를 사랑하기가 두려웠다. 너를 사랑해버리는 순간, 네가 다정했던 찰나를 붙잡고 평생을 그 속에만 갇혀살게 될까 봐.

나는 나이를 먹어도 여전히 사랑이 두렵다. 미처 다 자라지 못한, 미숙한 이런 감정을 네게 아무런 것으로도 포장하지 않은 채 날 것 그대로 건네어 버리면 너는 뭐라고 답할까. 너는 어떤 표정을 내게 지어보일 거니.

성숙하지 못 한 감정은 늘 질기다. 아무리 씹어도 연해지질 않고 질겅질겅, 당최 찢어지질 않는 고깃덩어리처럼 말이다. 한 번에 삼키지도 못 하면서, 계속 씹으면 연해지지 않을까? 싶은 마음에 뱉어버리지도 못 하는, 그런 고깃덩어리.

J. 너를 알게 된 시간은 너무 짧고, 너는 찰나 다정했을 뿐인데.

그랬을 뿐인데, 나는 이상하게 모든 계절마다 너를 앓는다.

내가 여름의 끝자락에 사는 사람이었다면

서로를 사랑하는 마음은 같았지만, 은연중에 우리는 알고 있었잖아. 우리가 평생을 함께 살아도 결코 같은 계절 속에 살 순 없다는 걸. 나는 다정한 사람이 아닌데 너는 너무 다정한 사람이니까.

극과 극의 계절인 겨울과 여름이 한 하루에 공존할 수는 없잖아. 그러면, 내가 좀 더 유한 사람이었다면, 겨울이 아니라 차라리 가을이었다면 좀 괜찮았을까. 내가 여름의 끝자락에 사는 사람이었다면 좀 더 다정한 사람일 수 있었을까. 종종 그런 생각을 자주 하곤 해. 겨울보다는 다정할 테니까.

여름의 끝자락에는 여름과 가을이 한 하루에 공존하니까.

한여름에도 철 지난 패딩을 꺼내 입고

　이제 여름이 끝나가는 게 눈에 보여. 늦은 밤에는 이제 희미하게 입김도 나와. 날이 추워지고 있어. 내가 너를 사랑했던 계절이 돌아오고 있어.

　언젠가 네가 나에게 그랬지. 계절은 돌고 도는데 사랑은 돌아오질 않는다고.

　그러게. 네 말이 맞아. 나는 앞으로 너 없이 살아갈 수많은 날들 사이에서 몇 번이고, 몇 십 번이고 너를 사랑했던 계절을 다시 만나게 될 텐데, 돌아오는 계절 속에 너는 없어. 그 날의 우리만 남아있겠지. 사랑은 도망가지만 추억은 도망가질 않아. 그 자리에 계속 묶여서 내가 생각을 지날 때마다 그 날을 떠올리게 해.

　네가 내게 자주 그랬지. 참 겨울 같은 사람이라고. 하지만 너는 여름보다는 겨울이 좋다면서, 내가 네게 사랑한단 말을 하지 않아도, 다정하게 굴지 않아도 너를 사랑하는 내 마음을 느낄 수 있다고 말이야.

'그래, 그럼 한여름에도 내가 보고 싶어진다면, 외출할 땐 철 지난 패딩을 꺼내 입고 잠을 잘 땐 두꺼운 솜이불을 덮고 자.'

네게 그런 시덥잖은 말을 하며 나는 웃고 있었나...

J. 다시 돌아온 여름의 끝자락에 너는 여전히 없구나.
앞으로도 정말 없을까, 그런 생각을 하면 괜히 서글퍼지곤 해.

사랑의 다른 발음은 어쩌면 모순이었나

너를 떠올리지 않으려고 억지로 스스로를 일의 굴레에 집어넣고 배가 고프지 않은데도 꾸역꾸역 밥을 먹었다. 아침마다 무기력한 몸을 간신히 일으켰고 밖으로 나가 친구를 만나고 하염없이 감정을 글로써 풀어내고 노래를 들었다.

너를 떠올리지 않기 위해 매일 하루를 꽉 채워 무언가를 했는데, 조금이라도 공백이 생기면 오롯이 너를 그리워하는 날들의 연속이곤 했다.

네 생각에 잠겨 허우적대는 것이 나는 퍽 서글프면서도 좋았다.

하필이면 네 향수가 그리운 어느 여름밤을 닮아서

내가 붙잡아도 떠나가는 것들과 내가 밀어내도 곁에 머무르는 것들을 미워한다. 계절마다 아픈 사람이 있어 계절을 미워하면서도 가끔은, 내가 놓아주지 않아도 저절로 흘러가는 계절의 순리를 사랑하기도 한다. 어리석게 놓아야 할 것을 놓아주지 못 한 채 쥐고 있어 아픈 것보다는, 차라리 잡으려 애써도 어쩔 수 없이 흘러가버리는 게 낫다.

나는 이제야 아무렇지 않게 여름을 발음할 수 있다. 하지만 돌아오는 여름 앞에서 내 입술은 또 다시 녹아 여름을 말할 수 없겠지.

그 여름에, 나는 너를 사랑하면 안 됐다.

사무치도록 네가 그리운 이 마음은 단지, 하필이면 네 향수가 그리운 어느 여름밤을 닮아서 그런 것이다. 하필이면, 하필이면 네 샴푸 향이 사무치도록 다정했던 어느 여름의 끝자락을 닮아서 그랬을 뿐이다. 덕분에 나는 다른 계절에도 그 향을 맡으면 순식간에 마음이 여름으로 돌아가 버린다.

J. 너는 왜 하필 사계 중 가장 긴 여름을 닮았나.

여름 속에서 피어나 얕은 사랑에 익사하는 소년

어두운 적막이 세상을 내리덮어도 가려지지 않는 순백의 외로움이 있다. 고요한 내 외침은 수 만키로 밖 외지에도 닿는데 정작 십리 안팎에 있는 너는 나를 모를 때가 있다.

네가 노래를 흥얼거리면 그 속에서는 어느 소년이 피어난다.

그 소년은 네가 만들어 낸 여름에 힘없이 잠겨 눈을 감고는 이정하 시인의 잠겨 죽어도 좋으니 너는 물처럼 내게 밀려오라 라는 문장을 끊임없이 되뇌곤 했다. 익사를 해도 여름 속에서 익사하는 것이라면 필히 그건 축복일 거라는 생각을 했다.

종종 의지로도 할 수 없는 것이 있다. 가끔은 사랑으로도 어려운 것이 있고, 여름도 품을 수 없는 것이 존재한다. 너를 내 사랑으로 품을 수 없다면, 내가 네 사랑에 잠겨 죽고 싶었다. 너는 내 사랑에 익사할 생각이 없으니 내가 네 사랑에 기어코 빠져들겠다. 그러나 네 사랑은 나를 잠기게 할 만큼 크고 깊지 않으니 내 스스로 몸을 바싹 엎드려야만 하겠지.

그 또한 괜찮다. 어쨌거나 네 사랑에 익사할 수만 있다면.

창 밖에는 여전히 여름을 닮은 것들이 존재한다

겨울이 되었지만 불구하고, 여름의 흔적이 곳곳에서 숨 쉬고 있다.

눈 내리는 창밖에는 이상하게도 여전히 여름을 닮은 것들이 존재한다. 여름처럼 다정한 너를 닮은 것들이 흰 눈 속에서 가쁘 숨을 쉬고 있다.

J. 너는 단번에 나에게 여름이었는데,

나는 너에게 여름이기 위해 얼마나 더 많은 노력을 해야 할까.

영원하지 않은 건 어쩌면 우리의 마음이었나

    J. 눈이 내리면 서로 손 꼭 잡고서 소원을 빌고 싶었어. 우리가 영원했으면 좋겠다, 영원이라니, 터무니없지만 어쩌면 우리가 영원이라는 단어를 처음으로 지킨 사람들이 될 수도 있잖아. 그런 시시콜콜한 대화를 나누며 염원을 담아 소원을 빌고, 같이 겨울바다의 낭만에 빠져들고, 누가 더 눈사람 잘 만드나 내기하다 결국 손 시려워서 둘 다 만들기 포기하고.

    그렇게 너랑 같이 겨울을 사랑하고 싶었어. 여름이 지나가면 따라 우리도 저물어가자는 그런 말이 아니었어. 단지 한여름 밤 잠깐 반짝하고 마는 그런 신기루 같은 사랑을 하자는 말이 아니었는데.

    J. 그 여름에 내가 너를 사랑한다는 것은,

    다가오는 겨울도 너와 함께 보내고 싶다는 뜻이었어.

다시, 여름이다

여름이다.

너는 여름을 싫어했다. 너의 첫사랑의 생일이 여름이라며, 여름만 돌아오면 잊고 지내던 첫사랑이 떠오른다고 말했다. 그리고 치기어린 마음일지 모르겠지만, 첫사랑의 생일에는 비가, 유난히 많이 내리길 기도한다고 했었다.

예상하지 못 한 것들과 예상한 것이 뒤섞여 한꺼번에 들이닥치는 것은, 늘 무방비 상태일 때만 그랬다. 시간이 흘러도 지나가지 않을 것만 같던 것들은 머릿속을 비우며 생활하다 보면 생각보다 빠르게 나를 지나가곤 했다. 반면 생각조차 나지 않을 것 같았던 일들은 밤마다 간간히 떠올라 나를 괴롭혔다.

의미를 부여할 이름조차 없는 사소한 것들이 언젠가 더 아프다더니, 맞다. 이름이 없으니 어떤 감정인지 정의 내릴 수도 없어 괴롭다. 예를 들면 활짝 웃어야만 보이는 너의 양쪽 짙은 보조개라던가, 내 방 한 켠의 핫팩 무더기에 왜 먼지가 쌓여있는지 곰곰

이 생각해보니 너의 손이 늘 따뜻했다는 것, 한바탕 싸우고 서먹하게 밥을 먹으러 가도 늘 내 앞에 먼저 수저를 놓아주던 것, 불면증인 내가 곤히 잠에 들 때까지 팔베개를 해준 채 끊임없이 머리를 쓰다듬어주던 것, 뭐 그런 것들 말이다.

다시, 여름이다.

너 떠나고 흘러가는 대로 어영부영 살다 보니 어느덧 추운 날이 다 갔다. 그리고 나는 네가 왜 첫사랑의 생일에 비가 많이 내리길 기도했는지 알 것 같다.

J. 너의 생일도 여름이지, 나 바라건대 이번 여름에는 네가 싫어하는 비가, 유난히 많이 내렸으면 좋겠다.

이제 같이 겨울바다를 보러 가잔 말은 안 할 거야

　내가 네게 전한 문장들은 날카롭도록 선명한 감정이었는데, 네가 내게 건넨 것들은 그저 활자에 불과하다고 느껴질 만큼 가벼웠다.

　네 말들은 내게 닿기도 전에 공중에서 흩어져버렸다. 당연하지 않은 것들이 네게는 늘 네 앞에 당연하게 서있었겠지만, 내게는 한 번쯤 당연해도 될 법한 것들이 늘 당연하게 존재하질 않았다.

　J. 이제 네게 같이 겨울 바다를 보러 가잔 말은 안 할 거다. 너는 나에게만 일찍 찾아온 10월의 크리스마스 같다는 말도, 너는 내 생애 최고의 크리스마스 선물이라는 그런 사랑고백도 안 할 거고, 정해진 곳 없이 그냥 어디로든 도망쳐버리자는 말 따위도 안 하기로 했다

　근데 있잖아. 이렇게 다짐했는데도 네가 나 한 번 잡아주면 나는 모든 다짐들이 한순간에 무너진다. 나는 네 앞에서만 유난히 약해진다. 네가 한 번 다정하게 굴면 너를 사랑하지 않을 거라는

굳은 다짐이 순식간에 무너진다. 나는 많은 걸 바라지 않는다. 단지 네가 사랑의 무게를 알았으면 좋겠다. 나는 너를 사랑하지 않는 일이 가장 어려운데 너는 네 기분에 따라 나를 사랑할 수도 있고, 안 사랑할 수도 있었잖아. 오늘 또 다짐을 하지만, 내일은 또 무너질지도 모른다.

나는 너를 한 치의 저항없이 너무 사랑한다. 가끔 그 사실이 밉다.

나의 여름을 이루는 것들

미세하게 여름의 향기가 코끝을 스치면 여름이 돌아오고 있음을 직감한다.

있지, 나의 여름에는 온통 너밖에 없다.

사무치도록 다정했던, 여름의 끝자락을 닮은 네 향기라던가 네 체온, 네 목소리의 떨림과 높낮이, 네 목소리가 나를 부를 때의 온기, 맞잡은 손끝으로 전해져오는 네 마음. 그리고 무수한 찰나 속의 네 모습들. 찰나를 잊지 못 해 기억이 됐고, 그 기억들은 의미로 남아 여름이 됐다.

나의 여름을 이루는 건 전부 너다. 이 모든 것들이 나에게서 잊혀지는 순간, 나에게 더 이상 여름은 없는 거다. 나는 영영 여름을 모른 채 살아가야 하는 거다.

너는 잘 알잖아. 나에게 여름은 단지 더운 계절이라는 그런 명

료한 문장으로는 결코 설명할 수 없는 단어라는 것을. 내 여름에 의미를 붙여준 게 너니까 알잖아. 나에게 여름이란, 곧 너라는 것도.

    J. 너는 나의 전부고, 너를 잊은 나는 평생 여름을 알 수 없다.

필연이 아니라면 그렇게 만들 거라는 다짐을 했다

그 여름에 내가 너를 사랑하게 된 건, 어쩌면 필연적인 일이 아니었을까 그런 생각을 난 종종 한다.

그 여름에 너를 만나지 못 했다면 아마 내년 여름에, 내년 여름에도 너를 만나지 못 했다면 그 다음 해 여름에, 그 다음 해에도 만나지 못 했다면, 내가 죽기 전까지 마주할 무수한 여름마다 나는 너를 기다렸을 거다.

여름을 닮은 너를 보고도, 나는 그냥 지나칠 수 없을 테니.

스물 다섯, 그 해에

서툴고 솔직하지 못 한 나는, 가끔 자고 있는 네 손을 만지작거릴 때가 있다. 하고 싶은 말은 자꾸만 목 끝까지 차오르는데, 내뱉을 줄을 몰라 입 안에서 사탕처럼 굴리기만 하다 끝내 녹아버린다. 내뱉어지지 못 한 말들은 혀 안에서 그대로 즉사하는데, 그 말들의 마음은 여전히 내 입 안에 남아있다. 입 안에서는 감정들의 단내가 풍긴다.

종종 네 모든 것 하나 하나에 감정이 일렁이는 나를 보며

내가 사랑 때문에 삶을 다짐하기도 하는 사람이었음을 느꼈다.

이런데 네가 내 청춘이 아니라면 대체 뭐겠어.

스물 다섯에 뒤를 돌아보아도 여전히 네가 있을까.

그 때가 되어도 나의 청춘을 여전히 너라고 감히 말할 수 있을까.

그 때가 되면 모든 것을 깨닫게 될까. 어쩌면 그 때도 나는 감정을 내뱉는 방법을 모를까. 방법을 깨우쳤어도, 방법을 모른다는 핑계로 지금처럼 괜히 자고 있는 네 손을 만지작거릴 수 있을까. 네가 보고 싶어지면 뒤를 돌아 너를 안을 수 있을까. 그때에도 여전히 내가 네 이름 석 자 발음하는 일이 당연한 일이 될 수 있을까.

나는 있잖아. 자고 있는 네 손을 만지작거리며 이런 생각을 하는 지금조차 어쩌면, 내일이면 깨버릴 달콤한 꿈이 아닐까 해. 이 모든 것이 그저 상상으로 기억 될 한여름 밤의 환상 같은 게 아닐까라는 생각을 해.

J. 그 때에도 네가 나의 여름이자 청춘일까? 그럴 수 있을까?

다시는 돌아오지 않을 나의 청춘, 나의 여름

나의 여름은 애석하게도 돌아오질 않네.

얼마나 더 그리워해야만 닿을까. 목이 쉬도록 불러도 나의 여름은 끝내 뒤를 돌아보질 않아. 너 없는 여름도 나름 행복하다고 하지만 사실 합리화에 불과하지. 네가 돌아오지 않을까 하는 기대를 사실 종종 했었거든. 근데 이러면 안 되잖아. 이러면 정말 꿈같잖아. 정말 어느 여름날의 환상인 것만 같잖아.

J. 언젠가 내 청춘을 담은 책을 출판하게 된다면, 제목은 하필이면 네 향수가 그리운 어느 여름밤을 닮아서 라고 지을 거야.

목은 숨이 차올라 뜨거워지고, 탁한 눈동자에는 물기가 서려있어. 아, 나는 이 여름에 대체 언제까지 머물까.

수취인 J에게

언젠가 나의 청춘에 관한 책을 출판하게 된다면 그 책의 주인공은 분명 네가 될 거라는 생각을 했었다. 스물, 청춘이라는 단어를 감히 쓰기에는 조금 미숙했던 나이였지만 너를 사랑하는 마음은 고작 나이에 국한될 수가 없었다.

내가 너를 떠올릴 때면, 늘 그럼에도 불구하고 라는 문장이 따라붙곤 했다. 가령 청춘의 정의를 단정짓기에는 어린 나이였지만 그럼에도 불구하고, 정답이 무엇이든 간에 나의 청춘의 의미는 단언컨대 너일 거라 확신하던 그런 생각따위 말이다.

나는 사랑에 유난히 열정적이고 용감했던 스물의 내가 여름마다 떠오르곤 한다. 그 때도 지금도 나는 그 시절의 나를 사랑한다. 내가 또 언제 그렇게 사랑에 열정적일 수가 있겠나 싶다. 하지만 너는 그 시절 나에게 내가 너무 낭만만을 좇는 사람이라고 했었지.

맞다. 나는 여전히 낭만을 사랑하고 여름을 사랑하고 너를 사랑한다. 글쓰기를 좋아하던 어린 스물의 나는 그대로 자라서 아직도 글의 환상에 빠져살고 현실성없는 문장들을 좋아하고 사소한 단어들을 잘도 사랑한다. 내가 여전히 너를 떠올리는 이유 또한 내가 낭만을 좇는 사람이라 그런 거겠지. 나의 낭만은 언제나 너였으니까.

다홍빛 능소화가 네 붉은 뺨과 닮았다며 그 때부터 능소화를 좋아하게 된 그 시절의 나와 지금의 나는 달라진 것이 없다. 사실 나이의 앞자리가 바뀌면 너를 잊을 수 있을 줄 알았건만 그건 착각이었다. 여름을 맞이할 때마다 너와 손을 잡고 거닐던 어느 여름날로 돌아간 듯 하다

잊혀진 줄 알았더니, 그래서 그저 한여름의 풋사랑이었다고 생각하려 했더니, 지독한 여름이었구나 너는.

그 해 여름의 순수한 고백

곧 맞이하게 될 여름을 생각하다 보면 늘 네가 따라붙었다. 나의 여름의 꼬리표는 늘 너였다. 감정에 무딘 내가 여름만 되면 몽상가가 된다. 여름만 되면 네 생각에 넋을 놓고 산다. 그 시절을 곱씹고 되뇌다 여름이 다 가버린다.

언젠가, 여름을 싫어하면서 왜 여름을 닮은 사람을 좋아하느냐고 네가 물었었지. 여름을 싫어하는 내가 왜 여름을 닮은 사람을 좋아하는지, 너는 그 이유를 정말 모르겠니.

J, 네가 너무나도 여름을 닮았잖아. 네가 사무치도록 여름 같잖아.

내가 사랑한 모든 사람들의 공통점은, 전부 너를 닮았다. 전부 여름 같다. 어느 새부터인가 여름을 닮은 사람들만 사랑하게 됐다. 더 이상은 널 사랑하진 않지만, 나는 이상하게도 여름만 돌아오면 너를 떠올린다.

    J. 이제 와서 말하는 것도 우습지만, 그냥 솔직하게 말할까.
    여름을 닮은 사람을 좋아한다는 것은, 너를 좋아한다는 뜻이었다.

나 또한 네 청춘이기를

무수한 여름과 마주해도 수많은 여름을 맞이해도 수 만 번의 여름들이 나를 스쳐지나가도 나의 여름은 여전히 너 뿐이다.

이따금씩 사색에 잠길 때면 그건 온통 너를 떠올리는 것이었다.

나도 네게 한 번쯤은 여름이었을까. 한 번쯤은 너의 여름의 의미도 나였을까. 나도 너의 청춘에 조금이라도 자리를 차지하고 있을까. 너의 삶과 너의 기억에 내 이름 석 자 적혀있을까. 나의 이름은, 나의 존재는 네게 어떤 의미일까. 나는 네게 고작 시간 지나면 잊힐 그런 사람이 되고 싶진 않은데.

있잖아 J. 가끔, 나를 좋아하지 않는 것들을 나는 너무 사무치도록 사랑해서 죽고 싶을 때가 있다.

여름잠

여름만 돌아오면 나는 늘 겁쟁이가 된다. 동면하는 곰마냥 깊은 동굴로 들어가 나오질 않는다. 나는 아직 여름이 괴롭다. 잡으려 애써도 잡히지 않는 신기루 같은 여름밤의 기억들이 자꾸만 나를 울게 만든다.

이미 나를 스쳐 지나가버린 여름을 보고 싶어하는 건 아무 소용없다는 것을 너무 잘 알면서도, 여전히 그것들을 놓지 못 해 붙잡고 있는 내 마음을 너는 평생 알 턱이 없겠지.

솔직히 말하자면 그렇다.

누구 때문인지 무엇 때문인지 어떤 것 때문인지. 왜, 왜 괴로운지 알면서도 또 피해버리는 일들의 연속이다.

그래. 괴로움의 이유를 모른다는 건 거짓말이다. 모르는 게 아니라 그저 외면하고 싶을 뿐이다.

나는 지금부터 여름잠에 빠질 거다.

자고 일어나면, 너를 잊을 수 있겠지.

여름을 닮은 도시에서

J. 내가 있는 이 곳은 여름이야.

어제는 비가 내려 조금 쌀쌀했지만, 오늘은 또 무척이나 여름이야. 추울까 챙긴 겉옷이 거추장스럽다는 생각이 들 정도로 말이야.

J. 여기는 참 평화로워. 너를 닮은 도시야.

이 곳 사람들은 여유롭고, 계절은 여름이야. 거니는 거리마다 전부 평화로워. 언젠가 너와 이 곳을 걷고 싶다는 생각을 해.

여름을 닮은 사람과 여름을 함께하는 것만큼 낭만적인 게 없잖아.

네 생각 않으려고, 아무 생각도, 아무 고민도 하고 싶지 않아서 떠나온 타국에서 어김없이 네 생각을 하는 내가 우습지만, 어쩔 수 없네.

이 도시의 모든 것이 빠짐없이 너를 닮았는 걸.

스물 세 번의 편지를 더 쓰고 나면

여름을 잊고 지내다가도 또 다시 여름의 향수에 젖어버린 건, 단지 내가 하필 5월에 여행을 떠났기 때문이라고, 하필이면 내가 포르투갈에 왔기 때문이라고.

J. 이제 정말 여름이 코앞에 있어.

너도 가끔 여름이 다가오면 나를 떠올리니. 감히 우리의 청춘이었다 칭할 수 있던 어느 여름날의 단내를 기억하니. 우리 함께 걷던 부산 바다 냄새는 또 얼마나 시원했는지. 겨울에도 놀러오자던 그 약속과 11월이 되면 같이 포르투에 놀러가자던 그 약속도 말이야.

너도 가끔은, 이름 모를 담장 아래 피어있는 능소화를 보면 그 자리에서 발길이 굳곤 하니. 늘 둘러말했지만, 내가 능소화를 좋아하는 이유는 너와 처음으로 함께 본 꽃이 능소화였기 때문이야.

이 이야기를 들으면 너는 바보 같다며 웃겠지. 근데 나는 그 날 이후로 능소화를 발견하면 하염없이, 한참을 그 자리에 멍하니 서있곤 해. 진짜 바보같이.

 J. 나는 지금 포르투갈의 한가운데에서 네게 편지를 적는 중이야. 너를 닮은 이 곳에서, 나는 앞으로 스물 세 번의 편지를 더 쓸 수 있겠구나. 그렇다면 나는 이 곳을 떠나는 순간 여름을 잊을까?

도망가자

　J. 네가 가끔 내 공간에 들어와 내 글을 읽는다는 걸 알아. 내가 포르투갈에 떠나온 것도 알겠지.

　J. 네 힘든 시기가 지나가면 우리 같이 아무도 모르게 포르투갈로 떠나버리자던 그 약속 기억 해? 자유롭게 사는 내가 부럽다는 네 말에, 네가 삶이 지쳐서 어디로든 도망가고 싶다고 하면 나는 언제든 너를 위해 나의 모든 걸 뒤로 하고 너를 위해 같이 도망가줄 수 있다던 내 말도 기억 해? 나는 그 말 정말이었는데, 너는 실없는 말이라 생각했는지 그저 웃었던 게 생각 나.

　너는 여전히 사는 게 힘이 드니. 여전히 삶이 지치니. 여전히 마음의 여유가 부족하니. 여전히 간간히 도망치고 싶다는 생각을 하니. 여전히 쪽잠을 자고, 여전히 잠을 설치고.

　여전히, 그러니.

네가 도망가고 싶다면 같이 도망가줄 수 있는 나도 아직 여전한데.

　　같이 도망갈래 J?

여름이 손가락을 몇 번 스쳐야 너를 잊을까

네가 떠나고, 홀로 남겨진 나는 생각보다 괜찮지 않은 것들이 많았고 생각보다 많은 것들이 괜찮지 않았다. 느껴지지도 않을 것들에게 시도때도없이 날것의 감정들을 꺼내보였다. 언젠가는, 이라는 마음 하나로 밤마다 얄팍한 꿈을 꾸곤 했다.

때로는 철 지난 여름을 곱씹거나 음미하기도 했다.
그게 오히려 나를 더 죽이고 있었는데 말이다.

여름이 손가락 다섯 번 스쳐 지나가면 뭐가 좀 달라져있을까.
여름이 손가락 열 번 정도 스쳐 지나가면 내가 너를 잊으려나.

짧은 내 머리가 허리에 닿을 때 즈음이면 여름에 의미를 두지 않고, 그저 사계 중 가장 더운 계절일 뿐이라 치부할 수 있을까.

여름의 그림자는 푸른 색이 아니라는 것을

여름이 남겨두고 간 것들을 그 다음 해 봄이 되어서야 꺼내보는 습관이 생겼다.

생각해보면 나의 여름들은 늘 여름의 끝자락에 나를 떠나가곤 했다. 무더운 열기가 한 김 가시고 가을의 향기가 코끝에 일렁일 때 즈음이면 나의 여름도 따라 저물었다. 나는 나의 생애 가장 무더웠던 여름을 종종 떠올린다. 저물었던 열기는 어딘가에서 아지랑이 피어났을까, 다른 곳에서 또 다시 여름의 모습을 하고 있을까.

나는 언제나 철 지난 여름 속에서 산다. 철 지난 여름 속에서 살다 보면, 종종 너무 푸른 것은 구분하기가 어려워진다. 너무 다정한 것들은 쉽게 수용하기가 어려워진다. 멍을 자주 때린다. 그럴 때면 여름의 잔상은 다른 계절보다도 유난히 진득하다는 생각을 자주 하곤 했다. 시간이 지나면 괜찮아질 줄 알았는데 그 생각이 너무나도 무색하게도 늘 처음인 마냥 아프곤 했다.

여름은 푸르지만, 그렇다고 해서 여름의 그림자마저 푸른 건 아니었다. 그걸 몰랐다. 여름을 되새기는 일이 이다지도 아픈 일인 줄 몰랐다.

다음 해 봄이 되어서야 들춰보는 그 마음 자체가 여전히 여름의 그림자 아래 살고 있다는 건데. 너무 오만했다 내가.

마치 밑에서부터 치약을 꾹 눌러 짠 것 마냥

겨울에 태어난 사람은 추위를 많이 탄다던데,

이상하게도 너는 태생이 여름인 것 마냥 더위를 심히 타곤 했다.

이상하게도. 너를 보고 있으면 마치 치약 뚜껑이 열린 줄도 모르고 밑에서부터 치약을 꾹 눌러 짠 것 마냥, 솔직하고 순수한 고백이 줄줄이 흘러나오곤 했다. 나는 그러고 싶지 않아도, 불가항력적으로 네 앞에서는 한없이 솔직한 사람이 됐다. 네 앞에서만 서면 늘 그랬다.

추운 계절에 태어난 사람은 본능적으로 자신과 반대인 더운 계절의 사람을 사랑하게 된다는 이야기를 언젠가 들은 적이 있었다.

너는 여름에 태어난 사람이 아닌데 왜 그리도 여름을 닮았으며 겨울에 태어난 나는 너를 왜 이다지도 사랑하게 됐는지.

누군가를 보며 감히 계절을 떠올린 적은 없었는데 너를 보자마자 여름을 닮은 사람이라는 생각이 문득 떠오르곤 했다. 이상하게도.

너를 보다 보면 이상한 것투성이다.

누구에게나 여름은 존재한다

어느 여름의 네 눈빛을, 유난히 여름 향기가 짙던 어느 밤의 네 표정을 아직 기억한다. 무슨 생각을 하느냐고 묻고 싶었지만 돌아올 너의 대답 속 나는 분명 없을 게 뻔하니 그냥 말을 아꼈다.

여름만 돌아오면 너는 어딘가 풀죽은 사람처럼 보이곤 했다.

그 때는 몰랐지만 이제는 안다. 그 모습은 마치 너를 떠나보내고 난 뒤, 여름마다 너를 생각하던 나의 모습과 같았다.

사람 사는 게 다 거기서 거기라지만, 정말 너도 그럴까.

정말 너에게도 여름을 닮았던 사람이 있는지. 너도 여름이 돌아오며 그 시절의 향수에 흠뻑 젖어 아무것도 못 하게 되는지. 너에게도 능소화를 닮은 J가 존재하는지. 여름만 돌아오면 넋이 나간 사람처럼 보이던 이유가 너도 너의 여름을 그리워하기 때문이었는지.

겨울장마

    J. 네가 그토록 싫어하던 장마가 이번 주부터 시작이래. 너는 또 남몰래 울고 있니. 힘들면 말해도 괜찮다는 나의 말에 너는, 힘든 걸 자각하는 일이 어렵다면서 너조차 네가 힘든지를 알 수 없다고 그랬지. 내가 지금 힘든 건지 괜찮은 건지 구분하기가 어렵다던 너는, 어느 날 목소리가 한껏 가라앉은 채로 전화를 받았지. 그 때도 아마 6월의 이맘때 즈음이었던 것 같은데.

    괜히 여름 내음 물씬 풍기는 단어들을 나열하다 보면 어느새

내 발 밑은 장마가 시작되어있었다. 때아닌 여름에도 말이다.

    J. 장마가 시작 되었어. 코앞까지 들이닥친 여름을 이젠 정말 모른 척 할 수도 없어. 여름이 기어코 우리를 덮쳐버렸어. 이번 장마가 그치면 능소화가 피어나겠지. 그 속에서는 어느 사랑이 피어나고, 저물고, 또 피어나고, 또 저물고…. 여름이 다 갈 때까지 반복될 거야. 그렇다면 우리는 몇 번의 사랑을 할까? 한 서른 번? 킥킥.

비를 맞으며 난 말도 안 되는 우스꽝스러운 생각들을 해댔지. 너에게는 절대 건네지도 말하지도 들리지도 못 할 추악하고 조잡스러운 마음의 소리들.

너를 번역하면 어느 여름밤의 청춘

    J. 그 날의 여름 향기를 아직 잊지 않았지? 같이 차를 타고 어느 고속도로 한복판을 달리던 날 우리를 강하게 스치는 여름 내음 가득한 바람에, 꼭 사랑의 도피를 하는 것 같다며 킥킥대던 우리가 아직 여기 머물러있다. 비 오던 날 우산을 버리고 어린 아이들처럼 비를 맞으며 같이 뛰어놀던 우리는 또 어땠는지. 나는 감히 그 때를 청춘이라 부른다.

    J. 너를 번역하면 어느 여름밤의 청춘.

    그 여름의 향기를 너는 기억해야 한다. 남은 생애 동안 더 이상 우리라는 단어는 두지 않을 거라던 너와 내가 닳도록 서로를 우리라 부르던 그 시절의 향기를, 같이 낡아가자며 감히 서로를 사랑이라 칭하던 어느 여름날의 우리를 말이다. 유난히 무더웠던 그 해 여름을, 다시는 돌아오지 못 할 그 해의 사랑을 너는 기억해야 한다.

    구태여 왜냐고는 묻지 않았으면 좋겠다.

생각해봐, 내가 아니라면 너 누구랑 그런 사랑을 할래.

몽상의 여름

 나는 단지 사랑 하나만 했을 뿐인데 사랑이 끝나고 나면 많은 것들이 나를 아프게 했다. 하지만 그런 굴레 속에서도 나는 끊임없이 사랑을 좇았다. 아무런 조건 없이도 순수하게 사랑을 할 수 있었던 때가 있었지만 나의 순애를 무시하듯 사랑은 늘 보란 듯이 내게 생채기를 남겼다. 나는 생채기들을 그저 열렬한 사랑의 증표라 생각하고 그것을 자주 들여다보기도 했다. 사랑에 상처 받아도 그걸 치유해주는 건 결국 사랑이 유일하다고 믿었다.

 내 기억 속에는 여전히 선명한 몇 번의 여름들이 내 곁에서는 이미 지나가고 없다. 무너져가는 여름 속에서 청춘은 계속해서 낭비되고 있다. 청춘이라 불리우던 여름의 기억은 무뎌진지 오래다. 세월은 빠르게 퇴색되어 가고 있다. 중요한 것들을 자꾸만 놓치는 기분이다. 위화감이 든다. 괜히 코끝에 여름 내음 맴도는 노래만 들으면 청춘이 다시 내 곁에 돌아온 것만 같아서 나는 계절에 상관없이 늘 여름 같은 노래들만 듣는다. 여름을 다시 맞이하면 청춘이 다시 뒤돌아볼 것만 같다는 착각을 하며 산다. 휘청거리는 저 여름을 잡을 수만 있다면 좋겠다. 눈 깜짝할 새 지나가버린 나의 청춘도.

 어쩌면, 나는 지금 이 순간조차 청춘을 낭비하는 중인 건 아닐까.

내가 여름에만 살고 싶다는 건

우리 같이 제주도 애월에 놀러갔을 때, 꽤 높이 쌓여있는 돌탑에 돌을 얹으며 늘 여름에만 살게 해달라는 그런 소원을 빌었어. 네게 말해주니 너는 여름은 너무 덥다며 장난스레 말했지.

J. 넌 네가 어찌나 여름 같은지 모르지.

죽었다 깨어나도 넌 그게 무슨 뜻인지 평생 알 수 없을 거야.
여름을 싫어하는 내가 여름에만 살고 싶다는 건, 너랑 함께 늙어가고 싶다는 뜻이었어. 너와 같이 다정하게 낡아가고 싶다는 나의 작은 소망이었어.

너는 나에게 한 치의 거짓 없이 분명한 여름이거든.

필히, 너는 여름이 아닐 수가 없다

　이상하게도 너는 모든 계절에 존재한다. 난 사계마다 여름을 앓고, 지독한 여름 장마가 돌아오면 집 밖으로 발 한 번 내딛지 않는다. 적막한 새벽에는 크게 울리는 빗소리가 괜히 불안하다. 불면은 그런 불안을 먹으며 증식한다.

　J. 나는 너랑 있을 때면 뭐랄까 손금을 다 풀어헤치고 다시 조합해버리고 싶다는 그런 우스운 생각을 종종 하기도 했다.

　너는 봄 같은 사람이지만 이상하게도 나는 네가 여름을 닮았다고 생각했다. 마치 불행을 겪어본 적 없는 듯한 너는 봄을 닮은 듯 했지만 이상하게도 나는 네가 먹먹함을 품은 푸른 여름을 닮은 것만 같았다. 그냥 막연히 그런 생각을 자주 했다.

　너와 나누던 어느 여름밤의 대화를 나는 삼 개월 동안 꺼내먹곤 했다. 쉽게 흩어지고 눈 앞에 일렁이는데도 잡을 수 없는 것들은 전부 여름을 닮았다. 그리고 네가 그렇다.

요 며칠 간 장마라더니 비가 잘 내리지 않았다. 다행이라 여기려던 찰나 지독하게도 여름 장마는 이제 시작이란다.

필히, 너는 여름이 아닐 수가 없다.

사랑여름사랑여름사랑여름

J. 순간은 사랑이 될 수 없어? 찰나는 여름이라 부를 수 없어?

하지만 우리가 존재하던 그 순간의 찰나는 사랑이었잖아. 여름이 맞잖아.

나는 너를 사랑할 수밖에 없는 숙명인데 너는 나를 사랑할 수도 사랑하지 않을 수도 있었지.

그럼에도 불구하고, 한 때는 네 다정함에 시나브로 녹아내리던 시절이 있었어. 네가 보여준 잠시의 다정함이 너무 여름 같아서, 난 눈사람마냥 녹아내릴 수밖에 없었어. 조금의 저항 없이 말이야.

J. 시간이 지나면 당연하게도 계절이 바뀌듯, 나는 여름이 돌아오면 당연하게 너를 떠올려. 그건 어쩔 수 없는 나의 숙명인 거야.

정각이 되면 나는 짙은 여름을 맞이할 준비를 해. 이불은 곧 푸른 색으로 물들고, 숨 조금 참다보면 어느덧 여름이야. 너와 함께 있다는 착각에 빠질 것만 같아.

J. 어느 해의 여름은 유난히 따스했었는데.
그 해 여름의 온기를 우리가 다시 느낄 수 있을까?

너도 스물 여름의 그 순간을 사랑했을까

J. 너는 너의 스물에 내가 있어 다행이라고 했지.

근데 나는, 언젠가 네가 너의 스물에 내가 있었음을 불행이라 여기는 날이 올까봐 늘 불안했어. 그리고 그 불안은 손 쓸 새도 없이 정말 그렇게 되어버렸어.

청춘을 앗아간 여름을 그저 미워만 해야 하나.

고작 스물이었던 우리의 청춘은 더운 어느 여름 속에서 진득하게 녹아내려 형태를 잃어버렸어.

난, 여전히 나의 스물에 네가 있어 다행이었다는 생각을 종종 해. 그 시절의 형태가 이제는 온전하지 않지만, 불구하고 나는 가끔 스스로 내 기억을 미화 시키곤 해.

J. 스물에 했던 우리의 사랑은 전부 비참했어. 아팠어. 그치?

근데 왜. 우리 분명 힘들었는데 말이야, 도대체 왜 시간이 지나면 푸르렀던 것들만 생각나는 걸까.

너도 스물 여름의 그 순간을 사랑했을까.

너도 가끔은 그 해의 여름을 그리워할까.

상한 대화

J. 언젠가 한여름 밤의 흐드러진 능소화와 마주해본 적 있어?

한여름 새벽 안개 자욱한 그 속에 멍하니 서있어 본 적은?

그랬던 적이 있다면, 너도 내가 왜 사랑하는 이들을 능소화를 닮은 사람이라고 부르는지, 왜 그리운 이들을 나의 여름이라 칭하는지 알 수 있을 텐데.

그리운 이들은 전부 여름을 닮았고, 여름에만 피어나는 능소화를 닮았어. 그렇지 않아?

J. 그 말을 기억해? 너와 나눈 어느 여름밤의 대화를 나는 삼 개월 간 꺼내먹곤 했다는 말. 덕분에 나는 잘 지내고 있어.

솔직히 말하자면, 가끔은 그 대화를 먹고 체하기도 하지만 말이야. 지난 너의 사랑에 이제는 곰팡이가 핀 줄을 알면서도, 난 더 이상 주워 먹을 사랑이 없어서 지난 너의 사랑을 아주 조금씩 베어물고, 괜히 하루치 대화를 삼 개월 동안 꺼내먹으며 살아.

    너는 이번 여름 동안 어느 계절의 대화를 꺼내먹었니.
    봄의 대화를 먹고 있을까, 겨울의 대화를 먹고 있을까.

    추신- J. 너는 평생 체할 일이 없을 거야. 내 사랑은 늘 유효하니까.

여름 비디오

눈을 감으면 여러 편의 여름이 마음 속에 재생된다.

코 끝을 스치는 쓸쓸한 가을 향기 말단에는 늘 지나간 여름들이 난무했다. 어느 여름은 지나치게 따스했고 또 어느 여름은 사무치도록 다정했는데, 어떤 여름은 죽고 싶을 만큼 아프곤 했다.

가끔 여름이나 사랑 따위의 단어를 끊임없이 곱씹는 날이 있다.

끊임없이 반복해 말하고, 생각하고, 되뇌고, 곱씹고, 되새기고.

사랑. 사 랑. 사. 랑. 사 아 랑. 사. 랑사. 랑.

여름. 여 름. 여. 름. 여 어 름. 여. 름여. 름,

입 안에서 굴려지다 녹아 없어질 만큼. 그렇게 끊임없이.

그걸 반복하다 보면 문득 그런 생각이 든다.

발음하는데 일 초도 걸리지 않은 단지 두 글자뿐인 것들이, 왜 이렇게나 삶에 큰 여운을 남기고 사는 걸까. 우리는 왜 그토록 사랑을 갈구하며 사는 걸까.

너 없는 여름

권태로운 여름은 틈없이 다른 꿈을 꾸게 만들었고 적막한 여름은 마음 한 구석에 불안을 심었다. 고요한 여름은 혼자인 게 두려워 사랑을 갈구하게 만들곤 했다. 나를 괴롭히는 무수한 여름들 중에서도 나 가장 두려웠던 사실 너 없는 여름이었다는 것을 너는 알 턱이 없다.

어쩐지 너무 덥더라니, 그 해의 여름은 사랑을 무뎌지게 만들 정도로 무더웠다. 내일도 모레도 글피도 다음 주에도 다음 달에도, 계절은 계속 여름이라는 사실에 가끔은 숨이 막혀 눈물이 날 정도였어. 여름은 왜 이리 긴 거냐며 원망하기도 했다. 나는 여름을 사랑하지만 종종 여름으로부터 벗어나고 싶었다.

어쩌면, 이제는 여름을 완전히 사랑이라고 말할 수가 없다.

그래, 여름은 애증이다. 어쩌면 나는 너를 미워했던 걸지도 모른다.

그 해 여름의 환생

　어떤 불운 속에서도 너는 미치도록 환했고 고통스러웠다는 어느 시인의 문장을 이해하게 되었던 날, 나는 아무것도 하지 못했다 요즘 들어 밤에는 여름 내음이 물씬 풍기곤 한다 오늘은 네 생각이 났다 여전하다 스물 여름의 여파가 말이다 마음을 환기하려 창문을 열었더니 봄비인지 이른 여름비인지 모를 비가 내리고 있었다 집안으로 비가 들어오진 않았지만 나는 그냥 말 없이 창문을 닫고 블라인드를 내렸다

　몇 번의 여름이 지나갔는지 이제는 세어봐야만 알 수 있을 만큼 부단히도 계절이 바뀌었다 그에 비해 나는 여전하고 내 글은 점점 지루해져간다 다른 글을 써보고 싶은 마음은 굴뚝같으나 네가 아닌 다른 것을 쓰는 내 모습은 감히 상상조차 어렵다

　올해는 올해의 여름이 올 것이다 작년에는 작년의 여름이 왔었고, 내년에는 내년의 여름이 올 것이다 그 사실을 나는 명백히 알고 있다 그런데 왜 나는 새로운 여름을 있는 그대로 받아들이지

못 하고 자꾸만 그 해 여름을 투영시키는 걸까 나는 네가 다시 올 것만 같다 그래서 여름에 대한 글을 놓을 수가 없는 거다 그래서 같은 글만 쓰는 내가 지루한 인간처럼 느껴지는데도 불구하고 계속해서 여름에 대한 글을 쓰는 거다 네가 오면 보여주려고, 네가 오면 내가 너만을 생각하며 이만큼의 글을 썼다고 알려주려고 말이다

그 해 여름에는 왜 알 수가 없었을까 지금 이 순간이 내 생애 가장 그리운 순간이 되리라는 것을 말이다 사랑은 늘 뒤돌아볼 때에 더 선명하다

나는 있잖아
새로운 여름이 올 때마다 전부 그 해 여름의 환생인 것만 같다

나의 단 하나뿐인 결핍

운명이란

한 번도 찾아다닌 적 없던 무언가를 발견했는데

그것이 나에게 항상 결여되어 있었다는 것을 확신하게 되는 것

이라는 글을 보았다

생각해본 적도 없는 것과 마주한 찰나,

이건 나에게 필요했음을 깨닫게 되는 게 운명이란다

   그렇다면, 정말 운명이 그런 거라면 너는 분명히도 나의 결여다

   나도 모르는 새에 내가 늘 갈망해온 나의 결핍이다 너와 마주한 순간에 내가 얼마나 많은 것들을 깨닫게 되었는지

   너는 죽어서도 알 턱이 없다

사람이 눈동자를 사랑할 수도 있다는 사실과

나도 모르는 새에 너 같은 여름만을 내가 줄곧 기다려왔다는 것

그리고 난 평생 너를 위한 글을 쓰게 될 거라는 직감을 말이다

너는 나의 여름, 나의 청춘

나의 유일무이한 유일이자 나의 단 하나뿐인 결핍

나는 너 같은 여름을 찾기 위해 아주 오랜 시간을 헤맸다

어쩌면 내 삶의 모든 시간들은

오로지 너를 만나기 위한 여정이었을지도 모른다

8월의 난로

J. 너는 정말 여름인데, 가끔은 그 여름이 내 마음을 다 타들어가게 만들곤 했다. 그래서 나는 자주 아팠다.

너는 첫눈으로 나를 빚어서 한여름에 아주 추운 곳에 나를 넣어두고 매일 한 번씩 들여다보곤 했다 그러면 나는 차라리 겨울에 녹아내리게 두었다면 더 나았을 텐데 하는 생각을 했다

영원한 건 없다. 네 곁에 있는 나 또한 그렇다. 너는 내가 너를 떠날 수도 있다는 사실을 자각하지 못 한다. 내가 결국 너를 놓아버렸을 때, 너는 더 이상 여름이 아니게 됐다.

어쩌면 너는 여름이 아니었던 걸까.

여름이 아닌데 내가 너를 여름이라고 믿고 싶었던 걸까. 너는 그냥 겨울의 흔한 여느 난로였을까. 불이 꺼지면 차게 식고 불을 켜면 다시 따뜻해지는 그런. 그냥 겨울의 신기루였나.

근데 J. 나는 가끔 8월에도 난로를 꺼내 구경할 때가 있다.

여름 한 철 지나가면 괜찮을 줄 알았는데

내가 언젠가 모든 걸 다 내려놓고 도망가고 싶다고 했을 때, 너는 내 남은 인생을 너랑 살 테니 함께 도망가자고 했었지

너와 함께인 모든 순간이 나에게는 낭만이자 청춘이었다 그 땐 알 수 없었는데 이제는 안다 네가 나의 청춘이다

가끔은 그렇다 시간이 지나야만 선명해지는 것들이 있다 당시에는 절대 자각할 수 없던 것들 그 때는 과감하게 놓았던 모든 것이 사실은 내 전부나 마찬가지였던 거다 그래서 아쉬운 줄도 모르고 놓아버린 많은 것들이, 이제 와서 후회가 되는 거다

그래, 어쩌면 내가 너와 헤어진 건 내 착각이자 오만이었다

내가 다시 사랑을 할 수 있을 거라는 그런 착각 말이다 너를 사랑한 만큼 다른 이를 사랑할 수 있고, 네게 사랑 받은 만큼 누군가에게 또 사랑 받을 수 있을 거라는 내 오만

나는 뒤돌아서자마자 네가 그리웠다

너 아니어도 나는 잘 지낼 수 있다고 생각했던 건, 단지 얄팍한 내 자존심이었던 거다 너로 인해 생긴 습관들을 아직 지니고 있는 내 모습이 그걸 증명한다 한철 머물다 가는 여름인 줄 알았더니, 그 여름 속에 갇혀 난 아무 것도 할 수가 없게 됐다

우리 그냥 미친 척 하고 다시 여름으로 돌아갈까

너도 알고 있잖아 나만큼 너를 사랑해줄 사람은 없고, 너만큼 나를 사랑해줄 사람도 없다는 것을

어느 여름도 우리가 스물이었던 여름보다 더 다정할 순 없다

너의 의미

열심히 흘러가는 시간 속에, 나는 너와 함께라면 이 순간에만 머물러도 좋을 것 같다는 생각을 종종 했어. 찰나에 비춰지는 네 미소가 꼭 그랬거든. 순간순간의 너는 가끔 얼마나 시간을 아쉽게 만들었는지 몰라. 시간을 멈출 수 없다는 사실이 애석해 나는 자주 시간을 미워하곤 했어.

J. 너는 나한테 그런 의미였어.

자꾸만 시간을 아쉽게 만드는 사람. 현실적인 내가 자꾸만 말도 안 되는 낭만을 꿈꾸게끔 만드는 사람.

너는 내가 자유로워서 부럽다고 했지만, 나는 너를 위해서라면 어디로도 떠나지 않고 네 곁에만 머물 수도 있었어. 내 자유를 포기하고 너와 낭만 속에 사는 것도 좋을 것 같았거든.

너는 내 글은 늘 담담해서 더 마음이 아리다고 했지. 그리고 내가 너를 떠올리면서 글을 쓰게 될 일은 없을 거라고 했잖아. 근데 나는 이제 내가 잘하던 일도 못 하게 됐어.

너 떠나고 난 뒤 쓰는 글들은 전부 지저분하고 감정적이야.
사랑이 뭐라고 이래. 그냥 두 글자뿐인 그 단어가 대체 뭐라고.

J. 너도 내가 너의 여름이라고 했지.

너는 여름이 몇 번 돌아야 다시 돌아올 거야? 내 짧은 머리가
허리에 닿을 때 쯤이면 올 거야? 나는 이제 몇 밤을 더 자야 해?

스물은 당최 자라날 생각을 않고

5월의 포르투갈에서, 바닷가 앞에 앉아 네게 편지를 쓰던 순간을 기억해.

포르투갈을 떠나는 순간에 여름도 잊을 수 있을 거라 생각했는데. 스물 세 번의 편지를 더 쓰고 나면 새로운 여름을 맞이할 수 있을 줄 알았는데. 그랬는데. 그랬는데 말이야, 족히 서른 번은 넘도록 편지를 더 썼는데도 너는 여전해. 너는 여전히 여름을 닮았고, 나는 여전히 지난 여름에 주워온 능소화 꽃잎을 만지작거리곤 해.

이미 나를 지나쳐버린 스물의 여름이 미워. 나는 정말 그 순간이 영원할 줄 알았거든. 외관은 계속 자라나는데 마음은 그대로야. 여전히 스물이야 난. 그래서 스물을 지나쳤는데도 여전히 스물인 마냥 사는 거야. 자꾸 스물과 여름에 관한 글만 쓰고, 청춘을 회상하면 한숨만 푹 내뱉게 되는 거야.

사람 하나 떠났을 뿐인데 여름의 의미를 알 수 없게 됐어.

낭만 하나 사라졌을 뿐인데 내 세계도 텅 빈 거리가 됐어.

너는 내 일상을 깨고 내 삶에 스며들었어. 비로소 네가 나의 삶이 되었을 때 너는 나를 떠난 거야. 너 하나 내 일상에 들어왔다가 다시 나갔을 뿐인데, 고작 그 차이가 내 삶을 이렇게나 망가트렸어. 나는 너 없는 여름을 상상조차 해본 적 없거든.

J. 나의 청춘은 늘 너로 인해 어지러웠어.

너에게 나는 일부였겠지만, 나에게 너는 전부였거든.

J. 나는 앞으로 너에게 몇 번의 편지를 더 써야만 완전히 여름을 망각할 수 있을까.

내가 사랑한 것들

스물 다섯 시월이 넘기 전에 죽을 거라는 나의 다짐을 너는 완전히 붕괴시켜버렸어. 나를 평생 사랑해줄 거라는 말에 속아 나는 스물 다섯 이후의 삶을 상상하게 됐어. 스물 다섯이 넘으면 뭘 하고 살까 벌써부터 고민하곤 했어.

쓸데없었지. 그 고민은 오래 가지도 못 했으니.

J. 내가 그랬잖아. 너는 나를 평생 사랑할 수 없을 거라고.
봐. 내 말대로 됐잖아. 너도 결국 나를 떠났잖아.

J. 왜 하필 내가 스물일 때 나를 사랑했어?
왜 하필 우리가 스물일 때 서로를 사랑하게 된 거야? 왜 하필?

난 너 떠나고 다시 스물 다섯 이후를 상상할 수가 없게 됐어.

또 시월이잖아. 시월마다 괴로워하는 나를 알면서 너는 나를 구월의 끝자락에 남겨두고 혼자 떠났어. 내가 사랑한 것들은 다 그래.

내가 사랑한 것들은 전부 구월에 나를 떠나.

나한테 이제 여름이 어디 있어? 나한테 이제 사랑이 어디 있어?

이젠 사랑 못 하겠어. 모든 게 너를 닮아있을까 봐 두려워.

나를 살게 만들던 것들이 이제는 나를 죽고 싶게 만들어.

너는 유일한 나의 구원

눈 깜짝할 새에 어느덧 여름은 다 저물고.
내가 너를 사랑했던 계절이 다시 돌아왔어.

J. 너는 모를 거야. 시월마다 괴로워 죽고 싶었던 내가
열 아홉 시월에 너를 너무 사랑해서 살고 싶었다는 걸.

 내 아픔을 보고 눈물을 보이던 네가 소중했어. 불면이 심한 나를 위해 팔 저리도록 밤새 팔베개를 해주던 네 마음이, 내 머리를 하염없이 쓰다듬어주던 네 손길이 따뜻했어. 너는 스스로 여름이 아니라고 했지만, 나한테 너는 분명 여름이었어.

 그래서 나는 아직도 그 시절에 머물러있는 거야. 그 때의 너를 지울 수가 없어서. 내 마음이 여전히 너를 사랑했던 열 아홉 시월부터 스물 여름에 줄곧 정지되어 있어서. 그래서 앞으로 나아가질

못 하는 거야.

    너의 품은 유일하게 내가 악몽을 꾸지 않았던 공간,
    너는 유일하게 내가 스물 다섯 이후의 삶을 상상하게 만든 사람.

    J. 너는 유일한 나의 여름이자, 나의 청춘.
    네 생각 잠깐 했더니 벌써 이번 여름이 다 지나갔다.

시월 달력을 넘기기 전에

　J. 그 날, 네가 혹시나 뒤 돌아보진 않을까 싶어 나는 네 뒷모습을 한참 바라보고 있었어.

　너 떠나고 내 방 안에는 한동안 습기가 가득했어. 집에 돌아오자마자 머리 끝까지 뒤집어 쓴 이불 밑은 한참을 눅눅했지.

　여름이 저물면 내 마음도 어느 정도 사그라질까 싶었는데 말이야.

　나는 여전히 여름에 살아. 겨울에도 여름의 흔적을 찾아 헤매.

　J. 스물 여름에만 머무를 수 있게 된다면 너도 고스란히 그 시절에 머무르길 원할까. 나는 단 번에 그 때를 선택할 텐데.

　마음만으로는 되지 않는 것들, 놓으면 괜찮을 줄 알았는데 사실은 그렇지 않은 것들이 시월에는 널려있어. 하지만, 시월의 달력을 넘기기 전에 네가 온다면 나는 이 모든 것을 털어버릴 수 있어. 시월달력을 넘기는 찰나에도 네가 내 곁에 없다면 좀 쓸쓸하겠다.

J. 넘기는 찰나라도 괜찮으니, 내가 시월 달력을 넘기기 전에 와. 나랑 같이 여름으로 돌아가자.

네가 떠나는 상상만 해도 울던 그 해 여름의 나를

어느 해의 여름은 일언반구로도 설명할 수 있을 만큼 보잘 것 없곤 했지만 유독 스물의 여름은 온갖 문장을 가져다 붙여도 밤을 새워야 할 만큼 길고 길었다.

J. 나는 비 오는 날을 죽도록 싫어하지만 네가 비 맞는 게 좋다고 하면 기꺼이 우산을 내려놓고 너와 함께 몇 시간이고 비를 맞을 수 있었어.

너와 같이 있을 때의 나는, 비가 올 것만 같은데 빨래를 걸을까 말까. 오늘 이 옷을 입을까 저 옷을 입을까. 그런 걱정만 하던 사람이었어. 현실에 안주하지 않은 채 시덥잖고 시시콜콜한 그런 걱정만 하면서 사는 사람. 나는 너만 있다면 모든 게 괜찮았어. 나는, 너를 위해 나의 모든 걸 내려놓을 용기가 있었어. 너는 아니었겠지만 말이야.

J. 나는 네가 없는 나의 스물을 그려본 적 없어. 나는 네가 떠나는 상상만 해도 울었어. 너 없이도 잘 지낼 수 있을 거라는 나의 오만을 뼈저리게 느꼈던 그 순간, 나는 한참을 빗속에 서있었어.

늘 집에 너와 같이 걸어가던 기억 때문에 나는 겨울에도 여전히 집까지 걸어가는데 말이야. 그런 사소한 습관조차 고치질 못하면서 시간이 지나면 너를 비워낼 수 있을 거라는 그 마음이 얼마나 오만하던지.

어느 여름은 분명 그 해 여름보다 더욱 따스했는데, 이상하게 나는 그 때만큼 열정적이지 못 했어. 그 순간 알았지. 여름이 몇 번 돌고 돌아야 너를 잊을 수 있을까, 그런 건 아무런 소용도 없는 걱정이었다는 걸.

J. 나는 평생 동안 무수한 여름 속에서 늘 너를 떠올리게 될 거야.

눅눅해진 사랑

네 생각 한 번에 마음이 따뜻해지던 시절은 다 죽었고, 재가 되었다. 이제는 의미가 사라졌다. 연거푸 나를 피폐하게 만드는 것들만 늘어간다. 발 끝에 담배꽁초라던가, 하룻밤 사랑하고 마는 뭐 그런 거.

여름옷을 정리하면서 마음도 함께 개어 넣어두었더니 눅눅해졌다. 눅눅해진 마음은 다시 쓸 수가 없다. 달력을 넘기며 네가 오지 않았던 시간들을 세다가 시간에 마음이 베였다. 여름은 이제 완전히 나를 지나쳐갔다.

나는 여전히 여름을 닮은 노래만 들으며 사는데 곁에 너는 없고
스물 다섯 이후를 상상하게 만들었던 그 시절의 너만 남아있다.

나의 마음은 분명 가득 차 있는데, 그 시절의 여름을 떠올리면 그랬던 적 없다는 듯 한 순간에 모든 게 공허해진다. 그럼에도 그

때로 돌아갈 자신 없는 건 모순일까. 나는 더 이상 그 때 너를 사랑했던 만큼 다정한 사람이 될 수 없다. 어렵다. 너 역시도 그렇겠지. 우리는 그 때만큼 서로를 사랑할 수 없다. 지나간 시간과 흘러가는 시간은 엄연히 다른 시간이다. 너와 나는 여전히 너와 나라 부를 수 있지만 더 이상 우리라고 부를 수는 없는 것처럼, 같지만 엄연히 다르다. 그런 생각을 되뇌다 보면 공허함과 동시에 숙연해지곤 한다.

근데 J. 나는 가끔 의미 없는 것들을 막연히 그리워하기도 해.

여름의 유서, 수취인 나를 사랑했던 사람들에게

아마, 작년 이맘때쯤부터 유서를 쓰기 시작했다. 모든 것은 떠나기 마련이다. 그 사실은 나 또한 그렇다. 게다가 나는 언제 죽어도 이상하지 않은 사람이니 나 떠나고 남겨질 나의 여름들에게 천천히 편지를 남겨두자는 마음가짐으로.

외롭다 느껴질 때는 늘 혼자 새벽 산책을 했다. 고요한 새벽의 적막을 견디기 힘들 때는 시끄러운 마음의 소리들을 정리하기 위해 조용히 글을 썼다. 죽음을 간절히 갈망하는 날이면 꼭 지나간 여름을 떠올렸다. 나를 사랑한 모든 것들을 회상하다 보면 자꾸만 마음이 아쉬워져 삶을 다시 붙잡곤 했고.

내 곁에 오래 머물지도 않을 것들을 곧잘 사랑하다 보니

어느새 내 마음 한 구석에는 여름이 줄줄이 서 있곤 했다.

하지만 이제 와 다시 잘 생각해보면 그런 의문이 든다.

그것들이 정말 여름을 닮았었나?

30도를 넘어 순간마다 바싹바싹 치솟는 더위를 여름이라 부르는 건 당연하지만, 나는 그냥 한겨울에 느낀 겨우 5도 쯤을 여름이라 느낀 건 아니었을지. 그냥 사는 게 고달파 가벼운 마음조차 여름의 의미를 덧붙이고 애써 사랑이라 여긴 건 아니었을지.

어쩌면 사랑 받고 싶은 마음에서 파생 된 내 모순은 아니었을지.

그 여름들은 전부 허상이었나.

그런 생각을 하다 보면 내 안에는 더 이상 여름이 남아있질 않다. 따지고 따지다 보면 남는 여름이 없다.

나의 파랑에게,

J. 나의 여름이자 나의 청춘. 나의 파랑. 나의 푸른 바다.

네가 반송했던 나의 마음이 내 베이지색 코트 안에 고이 들어 있어.

너는 내 편지를 반송하면서 무슨 생각을 했니. 나는 반송 된 편지를 들고 그 자리에서 하염없이 연신 눈가를 쓸었어. 초연해진 붉은 빛 눈가가 퍽 안쓰러웠어.

나는 마음을 쓰지 않으면 감정도 언젠가 소멸하지 않을까,

그런 생각을 하곤 해. 시나브로 나의 여름도 지워지겠지.

J. 오늘을 마지막으로 더 이상 네게 편지를 보낼 일은 없을 거야. 또 나 혼자만의 독백이겠지. 네게 보내지 못 할 편지들은 내 메모장이라던가, 내 방 한 구석에 쌓여가겠지.

언젠가 그 편지들을 모아 내 청춘을 담은 책을 출판하게 된다면, 제목은 하필이면 네 향수가 그리운 어느 여름밤을 닮아서 라고 지을 거야.

네가 꼭 그 책을 읽게 된다면 좋겠다.

너는 더 이상 오지 않는 편지에 내가 너를 잊었다고 생각하겠지만, 사실 네게 전하지 못 한 나의 마음이 얼마나 많은지, 내가 여전히 너를 얼마나 사무치게 사랑하는지. 네가 네 앞에서 얼마나 열정적인 사람이었는지. 네가 내 앞에서 얼마나 솔직해지곤 했는지.

…

많은 말을 남기고 싶지만 마지막이니만큼 말을 아낄게.

잘 지내. J.

책을 마치며,

안녕하세요, 여러분. 김나윤입니다.
새로운 모습으로 이 책을 또 다시 출간하게 되었네요.

저는 처음 이 책을 출간했던 때보다 조금 더 나은 사람이 되었어요. 여러분들도 그러신가요? 여러분의 삶은 어떻게 변화했는지도 궁금하네요.

여러분, 하고 싶은 일이 생기면 하세요.

사랑하고 싶으면 머뭇거리지 말고 사랑하고 아무리 표현에 인색한 성격이라 한들 사랑한다는 말 고맙다는 말 자주 하고 슬플 때 감정 외면하지 말고 실컷 울고불고 슬퍼도 하세요. 기쁘면 기뻐하고 행복 앞에서 주저하지 말고 무언가가 싫으면 미련없이 뒤돌아서고 하고 싶은 일이 생기면 도전하고 그만하고 싶으면 그만하고 고민될 때는 그냥 부딪혀보고 지난 인연이 보고 싶으면 자존심 버리고 그냥 보고 싶어서 그렇다며 전화도 걸어보고요. 상처 받을까 봐 실패할까 봐 몰라줄까 봐 잘못될까 봐 잘 못할까 봐 걱정하지 말고 겁먹지 말고 움츠러들지 말고!

좋아하는 일이 생긴다는 건 흔치 않으니 열심히 좋아하고 순간 순간을 소중히 여기고 살아요. 하고 싶은 말이 있으면 하고, 거절당하면 어쩌나 그런 걱정은 잠시 뒤로 미뤄두고 좋아하면 좋아한다고 말하고 한 번 결정 내렸으면 후회되더라도 그게 최선이었을 거라고 스스로의 선택을 믿어주고 손에 잡히지 않는 것들을 잡으려 애쓰지 말고 옆에 있는 것들을 사랑하며 사세요. 안 괜찮으면 안 괜찮다고 인정하고 타인 눈치 보지 말고 내 삶을 과시용이나 관상용으로 꾸미지 마세요. 나에게 주어진 하루 하루를 열심히 사세요.

여러분의 여름과 사랑을, 청춘과 하루하루를 응원하겠습니다.